COMO CANTOS
DE NIETZSCHE

POESÍA

LUIS CRUZ-VILLALOBOS

HEBEL
Ediciones
Letheia | Poesía

COMO CANTOS DE NIETZSCHE | POESÍA
© Luis Cruz-Villalobos, 2018.

© HEBEL Ediciones
Colección Letheia|Poesía
Santiago de Chile, 2019.

ISBN: 9781 7034 46548.

Poemas escritos al son
de veinticinco piezas musicales
atribuidas a Friedrich Nietzsche

PRELUDIO DE FRIEDRICH

Lo que más fundamentalmente me separa de los metafísicos es esto: no les concedo que sea el yo el que piensa. Tomo más bien al mismo yo como una construcción del pensar, construcción del mismo tipo que 'materia', 'cosa', 'sustancia', 'individuo', 'número', por tanto sólo como ficción reguladora gracias a la cual se introduce y se imagina una especie de constancia, y por tanto de 'cognoscibilidad,' en un mundo del devenir. La creencia en la gramática, en el sujeto lingüístico, en el objeto, en los verbos, ha mantenido hasta ahora a los metafísicos bajo el yugo: yo enseño que es preciso renunciar a esta creencia. El pensar es el que pone el yo, pero hasta el presente se creía, como el 'pueblo', que en el 'yo pienso' hay algo inmediatamente conocido, y que este yo es la causa del pensar, según cuya analogía nosotros comprendemos todas las otras relaciones de causalidad. El hecho de que ahora esta ficción sea habitual e indispensable, no prueba en modo alguno que no sea algo imaginado; algo puede ser condición para la vida y sin embargo falso.

Contra el positivismo, que se detiene en los fenómenos: "sólo hay hechos" —yo diría: no, precisamente no hay hechos, sino sólo interpretaciones. No podemos constatar ningún hecho "en sí"; tal vez sea un absurdo querer algo por el estilo. "Todo es subjetivo" dicen; pero ésta ya es una *interpretación*, el "sujeto" no es nada dado, es sólo algo añadido por la imaginación, algo añadido después. ¿Es en fin, necesario poner todavía al intérprete detrás de la interpretación? Ya esto es invención, hipótesis.

Friedrich Nietzsche

Fragmentos Póstumos, 35[35], 7[60]

COMO CANTOS
DE NIETZSCHE

I. Allegro

Alegre comienza la marcha
Como danzando sobre el alambre

Alegre como danzarín invicto
Como artefacto del derroche

Alegre comienza el estruendo
El caer de la memoria ida

Alegre como dulce sinfonía
Que no sabe más que su olvido

Alegre hasta que descubre
La nada temerosa que se quiebra

Alegre hasta que ve la penumbra
Claro de luna en medio de la bruma

Alegre hasta que se anuncia
Como el despliegue de la angustia.

II. Hoch tut euch auf

Solamente quiero belleza
Anhelo la armonía de las cosas

Quiero el delicado tacto amable
De los objetos y la naturaleza

Pido que me acaricien los ojos
Y el corazón la bondad palpable

Busco en las cosas y en la vida
La articulación más precisa

Que logre traerme más acá
De los dolores y del duro espanto

Más acá de la desdicha de saber
Que sólo soy un trozo de muerte

Que espera su momento aquí
En medio de esta soledad.

III. Einleitung

Esa muerte me sofoca allí de pie
Esa muerte infame y suspendida

Me aterra esa muerte victoriosa
Esa muerte de esclavos y rebeldes

Esa muerte impúdica que no logro
Derrotar en mis horas lúcidas

Esa muerte derrochadora de luz
Patética como la que más

Me indigna esa muerte y me duele
Me duele su victoria silenciosa

Me indigna su triunfo sempiterno
A pesar de mis razones en su contra

A pesar de mis desgarros y mis gritos
Que intentan ocultar su claro abismo.

IV. Phantasie

He soñado despierto que vago
En medio de las hondas penumbras

He soñado que soy el salvador
De esta tierra que se hunde en la hiel

He soñado justo en medio del día
Que soy el mayor hombre de pie

He soñado que tengo armas eternas
Que logran incendiar el alto cielo

He soñado que soy el guerrero tenaz
La luz de la aurora que cae a tierra

He soñado que tengo la belleza
Y la muerte tatuada en toda mi piel

He soñado que soy y seré el mismo
El que no logra encontrarse en sí.

V. Miserere

Mísero de mí e infeliz
Que queriendo atrapar el fuego

Me he consumido en una noche
Gélida y polar como ninguna

Mísero de mí e infeliz
Necesitado de tal misericordia

Que no alcanzo ni quiero concebir
Como posible en el tiempo

Mísero de mí e infeliz
Como ninguno antes que yo

Como ninguno después
Que haya nacido del polvo

Mísero de mí e infeliz
Como cirio que ya humea sin luz.

VI. Einleitung I

Sólo he llegado a caminar
De la mano con mi sombra

Ella me ha descubierto vacío
Únicamente lleno de amapolas

Repleto por dentro de delirios
De ideas malsanas que abisman

En la víspera de las penumbras
He llegado a escuchar veloz

El palpitar de mi sobra abrupta
Que me declara sus proverbios

Y me anima a encontrarme
Con mi destino más irreductible

Pues mi sombra me conoce
Y me ama como una madrastra.

VII. Einleitung II

Melancólico es el fantasma
Que me acompaña cada día

Tiene aliento a baúles antiguos
A libros viejos de hojas amarillas

Se parece al otoño y a mi desván
Como también al crepúsculo

No me guarda rencor ni yo a él
Somos como hermanos de sangre

Pues hemos vivido la misma suerte
Las mismas penurias y alegrías

Somos como dos gotas de esperma
De la misma vela solitaria

Que se ha apagado en medio
De una noche sin luna ni estrellas.

VIII. Hüter, is die Nacht bald hin

Quién podrá calentarme estos pies
Fríos como los ojos de los muertos

Quién vendrá a mí con su amor
Con su caricia dulce y tibia

Quién logrará surcar los abismos
Cruzar las oscuras corrientes

Quién vencerá a los espantosos
Dragones que cuidan las puertas

Quién será el bienaventurado
Que me bese justo en la boca

Quién logrará detener la huida
De mi último aliento desolado

Quién me cuidará en la hora final
Cuando todo se vuelva penumbras.

IX. Presto

He aprendido a beber de la copa
Diáfana del instante de la vida

He buscado el néctar de Dionisio
Que corre por las calles y los campos

He querido destrozar las fuentes
Que no contenían sino lodo

He pedido sol y viento a la tierra
Y me he declarado amante de ellos

He disfrutado del roce del amor
Como elixir de la eternidad que vuelve

He surcado caminos únicos y sinuosos
Que me conducían a ninguna parte

He masticado las semillas de vida
Que debía sembrar y cosechar mañana.

X. Mein Platz vor der Tür

Vi pasar a esa dama bienamada
Pero ella jamás reparó en mí

Fui una especie de colibrí
Que revoloteaba en su ventana

Sin jamás ser visto por su corazón
En medio de la tarde

Me detuve en sus pies y en su pecho
Pero ella no logró encontrar mi luz

No vio nunca mi paso por el aire
No leyó mis huellas en su cielo

Pues su polen no era para mí
Ni sus pétalos se habían abierto

Para que mi vuelo se detuviera
En su ternura y turgencia plenas.

XI. Heldenklage

La soledad ha grabado con su púa
La plancha metálica de mi vida

Y se ha ido gestando una obra
Inédita y hermosa a su manera

Estepa desolada se asoma
Como el más nítido paisaje

Y se repite y de despliega
Como único horizonte permitido

Comienza y termina y me hace girar
En medio de mis pensamientos

Que son como sombras y luces
Inversas en este grabado antiguo

Que nadie logrará descifrar
Pues no hay hechos aquí sino niebla.

XII. Klavierstuck

Soy esta danza de átomos
Que no logra detenerse

Soy este derroche de materias
Que se expanden y se cierran

Soy este plasma que mira
Que llora y que anuncia lluvias

Soy este diafragma que arde
Que pide más cielo sin noche

Soy esta circunvalación
De historias que no decantan

Soy este poema partido
Que no puede ser más que nada

Soy este pasar de tiempo
Por las rendijas del espacio mudo.

XIII. Ungarischer Marsch

Camino un paso y retrocedo otro
No logro encontrar el camino

En las encrucijadas me espanto
Como quien se arruina la vida

De un momento a otro
De la forma más irreparable

Avanzo en círculos como insecto
Que sólo tiene una vida ínfima

Me pierdo en los senderos lejanos
Y no me queda más que hambre

Camino como pidiendo al cielo
La más nítida estrella polar

Pero el cielo se calla ante mí
Y me pierdo en su arduo silencio.

XIV. Zigeunertanz

Me alegro aunque me sé vanidad
Disfruto del paso firme y hondo

Aunque no quede nada de mí
Cuando todo haya terminado

Brinco como loco y me alzo
Como un ave que planea

Incluso sobre las altas nubes
Oscuras y llenas de tormentas

Aunque sé que no tengo más
Que estas migajas de tiempo

Y de espacio para esbozar
Una permanencia que sueña

Ser duradera y estable
Olvidando que es sólo un ir y venir.

XV. Édes titok

No soy y canto y pido y hablo
Me constituyo en el paso

Me consolido en las aguas
De la memoria que parte

Me esmero en saber algo
Aunque nada queda igual

Aunque el río corre y jamás
Volvemos al mismo lugar

Ni nos mojamos dos veces
La misma alma

Como tampoco vivimos
Dos veces el mismo alud

Así soy y más no quiero ni puedo
Sólo este devenir que canta.

XVI. Aus der Jugendzeit

Y dónde quedaron las delicias
De los días pasados

Dónde fueron a parar los dulzores
Que me besaron las manos

En qué sitio quedó el esplendor
De los años mozos

Los vislumbres de las horas claras
Que se fueron ayer

Dónde llegaron las cartas
De amor y pasión que escribimos

En las sombras y en las alas
De los vientos que ya se fueron

Dónde quedó la juventud amable
Sino en el polen diluido en el aire.

XVII. So lach doch mal

Llega la noche y miro el techo
Blando y silencioso de mi cuarto

Miro las cortinas que suaves
Se mueven como un misterio

Observo el paso de las horas
Y me detengo en lo vivido

Y llego a sensaciones inquietas
Que me indican que somos

Una especie de vapor tenue
Sobre las olas de las estrellas

Una brisa diminuta sobre el mar
De la materia y el tiempo

Que se percibe a sí misma
Como un lento peregrinar solo.

XVIII. Da geht ein Bach I

Qué subyace debajo de los artilugios
Qué permanece en el fondo

Qué estela queda del cometa
Qué somos y seremos en este cielo

Qué rastros y qué fundamento
Nos guardamos más allá del simple ir

Qué lúcida verdad aparece
Qué desocultado ser se muestra

Qué parte y conjunto nos dice
Qué hay más allá de este ritmo

Qué palpita en el corazón mismo
De la insustancial realidad

Qué hay aquí y ahora en mí
Que no sea un estar siendo en camino.

XIX. Da geht ein Bach II

Soy una voz que se lamenta
Sobre la misma melodía

Una voz que no es emitida
Por ningún cuerpo

Una voz de hombre
Que dice algo y calla lo demás

Soy esta emisión de sonidos
Que busca un oído presto

Esta voz desgarrada
Que se asomó al espacio

Como un susurro en la noche
Raído de arriba a bajo

Una voz perdida sin dueño
Y sin quién quiera oírla.

XX. Im Mondscein auf der Puszta

Me detengo sobre la cuerda floja
Miro abajo y tiemblo

Soy el arlequín que tirita de frío
Mirando su muerte

Y se queja callado de su destino
Que le anuncia feroz

Que la materia lo es todo y nada
Y que su alma etérea

Se esfumará antes que su cuerpo
En medio del deterioro

Lento y deplorable de los órganos
Que ya no pueden emitir vida

Pero sí anunciar un nuevo día
Para esa historia caduca que se fue.

XXI. Marzurka

Me burlo del cielo y de lo infinito
Como mi última venganza

Y anuncio la muerte avasalladora
De aquello que nunca fue

Salto como un saltimbanqui
Con mi rostro pintado de muerte

Y cínico como ninguno
Escupo sobre las tumbas vacías

No pierdo ni siquiera un instante
Para derribar con mi mazo la luz

Destruyo los antiguos faros
Pues no hay más de mares oscuros

Tinieblas eternas y malditas
Que siempre se repiten y se repiten.

XXII. Aus der Czarda

Dulce fue la flor a mis ojos
Y el ocaso a mi paladar

Tierno a mi tacto fue el viento
Y el vuelo de la lechuza

Claro a mi oído fue el surco
Que dejó la serpiente

El veneno fue delicioso
A mi corazón que se detuvo

La locura no tuvo mejor sitio
Que mi pecho para palpitar

El frescor de la noche se quedó
En mis ojos por siempre jamás

Y el infierno de la tarde
Ardió por los siglos en mi sien.

XXIII. Das zerbrochene Ringlein

Alcé con mis propias manos
La tarima del que proclamaba

Con mis ansias le abrí el paso
Al sacerdote del vacío

Al profeta de la noche sin estrellas
Y de los días del invierno hondo

Construí los senderos abruptos
Por donde pasaría su anuncio

Y también su séquito y sus huestes
Que le rendirían honores profanos

Por haber dicho lo indecible
Y pregonado lo que no se debía

De tal modo que la cúpula del cielo
De trisó para siempre y luego cayó.

XXIV. Albumblatt

Diga lo que diga nada soy
Pues el individuo no es tal

No hay átomo parlante
Que logre unidad pétrea

No hay sí mismo empedernido
Que permanezca igual a sí

Todo deviene nada robusta
Abismo inmenso o diminuto

Todo parte veloz al vacío
Abundante e invencible

Y nada queda que no pueda
Ser olvidado por siempre

En medio de las derrotas
De la clara u oscura materia.

XXV. Wie sich Rebenranken schwingen

Ven Ariathna a mi cuarto infernal
Acércate como amada prístina

Ven sobre mi rostro y mira mis ojos
Que se han cerrado definitivos

Huele mi respirar que ya no brota
Escucha el palpitar que se acabó

Dime que me amas sinceramente
Como amaste a tu hermoso Teseo

Dime que no ves en mí tan solo
Los resto de un desastre dormido

Que jamás tuvo sentido ni belleza
Y que despreciaste más que nada

Pues consiguió tu tierna felicidad
Por medio del más pérfido engaño.

Poemas
escritos el 26 de
febrero de 2018 en Poñén,
Concepción,
Chile.
LXV

PROSLUDIO DE FRIEDRICH

Lamento de Ariathna

¿Quién me calienta,
quién me ama todavía?
¡Dadme manos ardientes!
¡Dadme braseros para el corazón!
¡Postrada en tierra,
temblando de horror,
semejante a un mediomuerto
a quien la gente le calienta los pies,
agitado, ¡ay!,
por fiebres desconocidas,
temblando ante las agudas,
gélidas flechas del escalofrío,
acosado por ti, ¡pensamiento!
¡Innombrable! ¡Encubierto! ¡Espantoso!
¡Tú, cazador que me miras
desde lo oscuro:
Así yazgo,
me encorvo, me retuerzo, atormentada
por todas las eternas torturas,
herida por ti,
el más cruel de los cazadores,
¡Desconocido-Dios!

¡Hiere más hondo,
hiere otra vez!
¡Taladra, rompe este corazón!
¿Por qué esta tortura
con flechas de puntas gastadas?
¿Por qué vuelves a mirar,
no cansado de mi tormento,

con ojos crueles,
como rayos divinos?
¿No quieres matar,
sólo torturar, torturar?
¡Para qué torturarme a mí,
tú, cruel, desconocido Dios?

¡Ay, ay! ¿Te acercas a escondidas?
¿En esta medianoche
qué quieres?
¡Habla!
Me acosas, me oprimes
¡Ay! ¡ya demasiado!
¡Fuera! ¡Fuera!

Me oyes respirar,
escuchas mi corazón.

Tú, celoso, pero ¿celoso de qué?
¡Fuera! ¡Fuera!
¿Para qué esas escalas?
¿Quieres entrar dentro,
en mi corazón,
penetrar en mis ocultos pensamientos?
¡Desvergonzado!
¡Desconocido- ladrón!
¿Qué quieres arrancar
con tormentos?
¡Tú... atormentador!
¡Tú... Dios–verdugo!
¿O es que debo como el perro,
arrastrarme delante de ti?
¿Sumiso, sin mi entusiasmo,

menear la cola
declarándote mi amor?

¡En vano! ¡Sigue pinchando!
¡Cruelísimo aguijón! No,
No un perro; tu caza soy tan sólo...
¡Cruelísimo cazador!
Tu más orgullosa prisionera,
¡Salteador oculto detrás de nubes!

Habla por fin,
¿Qué quieres tú,
salteador de caminos, de mí?
¡Tú, oculto por el rayo! ¡Desconocido! Habla,
¿Qué quieres, desconocido... Dios?
¿Cómo? ¿Dinero de rescate?
¿Cuánto dinero de rescate quieres?
Pide mucho ¡te lo aconseja
mi segundo orgullo!
¡Ay, ay!

¿A mí... es a quien quieres? ¿A mí?
¿A mí... entera?

¡Ay, ay!
¿Y me torturas, necio,
atormentas mi orgullo?
Dame amor...
¿Quién me calienta todavía?
¿Quién me ama todavía?...
Dame manos ardientes,
dame braseros para el corazón,
dame a mí, la más solitaria de todos,

el hielo, ay, un séxtuplo hielo
enséñame a desear
incluso enemigos,
enemigos,
dame, sí, entrégame,
cruelísimo enemigo,
dame ¡a ti mismo! ...

¡Se fue!
¡Huyó también él,
mi último y único compañero,
mi gran enemigo,
mi desconocido,
mi Dios–verdugo! ...
... ¡No!
¡Vuelve con todas tus torturas!
¡Oh, vuelve
a la última de todas las solitarias!

¡Todos los arroyos de mis lágrimas
corren hacia ti!

¡Y la última llama de mi corazón...
para ti se alza ardiente!
¡Oh, vuelve,
mi desconocido Dios!
¡Mi dolor!
¡Mi última... felicidad!

Friedrich Nietzsche[1]

---

[1] Este poema fue escrito durante el otoño de 1884 y se llamó inicialmente "El poeta: el tormento del creador", también fue incorporado, posterior-mente, a otro escrito con el nombre de "Lamento de Ariathna". En su libro "Así Habló Zaratustra", Nietzsche lo deja en boca de El Mago.

ÍNDICE

Made in the USA
Columbia, SC
03 September 2022